Jack Russell terriers

Nico Barnes

ABDO
PERROS
Kids

www.abdopublishing.com

Published by Abdo Kids, a division of ABDO, P.O. Box 398166, Minneapolis, Minnesota 55439.

Copyright © 2015 by Abdo Consulting Group, Inc. International copyrights reserved in all countries. No part of this book may be reproduced in any form without written permission from the publisher.

Printed in the United States of America, North Mankato, Minnesota.

072014

092014

THIS BOOK CONTAINS
RECYCLED MATERIALS

Spanish Translators: Maria Reyes-Wrede, Maria Puchol

Photo Credits: Getty Images, Glow Images, Shutterstock, Thinkstock

Production Contributors: Teddy Borth, Jennie Forsberg, Grace Hansen

Design Contributors: Candice Keimig, Laura Rask, Dorothy Toth

Library of Congress Control Number: 2014938885

Cataloging-in-Publication Data

Barnes, Nico.

[Jack Russell terriers. Spanish]

Jack Russell terriers / Nico Barnes.

  p. cm. -- (Perros)

ISBN 978-1-62970-326-8 (lib. bdg.)

Includes bibliographical references and index.

1. Jack Russell terriers--Juvenile literature.   2. Spanish language materials—Juvenile literature.   I. Title.

636.755--dc23

2014938885

Contenido

Jack Russell terriers

Los Jack Russell terrier son perros buenos. Son **fieles** a sus familias.

Los Jack Russell son una raza pequeña. Son fuertes para su tamaño.

Sólo miden alrededor de 12 pulgadas (30 cm) de altura. ¡Pueden saltar hasta cinco pies (1.5 m) de alto!

El pelo de un Jack Russell

puede ser **liso** o **duro**. El

pelo duro es más largo.

Casi todo el cuerpo de los Jack Russell es blanco. Generalmente tienen manchas de color café claro, café oscuro o negro.

13

Ejercicio

Un Jack Russell terrier necesita hacer ejercicio todos los días. Es bueno llevarlo a caminar o correr.

Otra forma de hacer ejercicio

es jugar a tirarle una pelota.

¡También es divertido!

Perros inteligentes

Los Jack Russell son

muy inteligentes.

También son **tercos**.

Encuentran la forma de

conseguir lo que quieren.

¡Aunque sea una pantufla vieja!

21

Más datos

- Los Jack Russell son amigables con casi toda la gente, pero a veces no lo son con otros perros.

- Se lo llama Jack Russell terrier por el reverendo John Russell. A él le encantaba cazar zorros.

- El reverendo John Russell empezó a criar perros fox terrier a finales de 1800. Los crió para que fueran inteligentes, fuertes y rápidos. Por eso podían asustar a los zorros para que salieran de sus madrigueras.

Glosario

fiel – leal, que demuestra fidelidad hacia alguien o algo.

pelo duro – uno de los dos tipos de pelo que puede tener un Jack Russell. El pelo duro es largo y áspero.

pelo liso – uno de los dos tipos de pelo que puede tener un Jack Russell. El pelo liso es corto y suave.

raza – grupo de animales con las mismas características. Se crían perros para que sus cachorros actúen y se vean de cierta forma.

terco – decidido a hacer algo.

Índice

abdokids.com

¡Usa este código para entrar a abdokids.com y tener acceso a juegos, arte, videos y mucho más!

Código Abdo Kids:
DJK0328